AF248405

SAINT-EUSTACHE

PENDANT

LA COMMUNE

Clichy. — Imp. Paul Dupont et Cie, rue du Bac d'Asnières, 12.

SAINT-EUSTACHE

PENDANT

LA COMMUNE

PARIS

IMPRIMERIE ADMINISTRATIVE DE PAUL DUPONT

41, RUE JEAN-JACQUES-ROUSSEAU, 41

1871

SAINT-EUSTACHE

PENDANT LA COMMUNE

MARS, AVRIL, MAI 1871

Salvum me fac, Deus, quoniam intraverunt aquæ usque ad animam meam. Ps. 69.

Nous garderons, ô mon Dieu ! le souvenir de ces jours à jamais lamentables ; la blessure de notre cœur de prêtre ne se fermera jamais ; elle restera comme une leçon terrible de votre justice, et conservera dans notre âme cette crainte salutaire qui est le commencement de la sagesse.

Comment vous oublier, Pontife vénéré et chéri !

Tant de fois nous vous avons vu dépouiller, pour ainsi dire, l'insigne honneur qui faisait de vous notre chef, et condescendre avec une bienveillance paternelle aux respectueuses familiarités de l'affection filiale !

Vous avez été en butte, pendant votre épiscopat, à mille jugements et à des sévérités qui blessaient notre cœur ; nous savions bien, nous vos enfants, toute la foi et toute l'énergie de votre grande âme !

Vous êtes Martyr ! vous méritiez cette couronne.

Gloire à Dieu qui en a ceint votre front ! — Notre foi est fière de votre mort, mais notre cœur est plein de larmes, et ce sera souvent que nous pleurerons votre absence. Vous aimiez Saint-Eustache ; du haut du ciel, bénissez encore cette paroisse, son pasteur, son clergé, ses fidèles ; obtenez pour tous l'énergie du devoir, la prudence dans l'énergie et la persévérance dans la prudence : c'était là votre gloire.

Et vous, Prélat aimé, que nous appelions du nom de Père ; ami intime et si dévoué de notre curé, supérieur si bienveillant, nous garderons avec votre deuil le souvenir de vos bontés.

Que de pertes encore, que de places vides parmi nos frères : M. Deguerry, ancien curé de cette église ! M. Bécourt, curé d'une paroisse voisine ! et tant d'autres ! *Apud Dominum est merces eorum !*

Comment au milieu de ces massacres, de ces dévastations, sommes-nous restés, mais avec nos larmes et nos craintes, préservés de la mort, du pillage ? Comment notre église a-t-elle échappé à une destruction complète qui semblait inévitable ? C'est là le côté merveilleux de la Providence, et ce sont ces détails que nous voulons retracer avec reconnaissance et avec amour !

Nous répondons aussi par là aux instances réitérées d'amis nombreux et aux désirs de nos supérieurs ecclésiastiques. Ces événements appartiennent à l'histoire du diocèse et de la paroisse, qui ont le droit d'en garder le souvenir.

Exquisivi Dominum et exaudivit me et in omnibus tribulationibus eripuit me.

LE 18 MARS

Le 18 mars, premier jour de l'insurrection, fut aussi
le premier de nos tribulations et de la protection visible de la Providence.

Vers 9 heures du matin on présente à l'église
le corps d'un jeune ouvrier; l'enterrement était modeste et convenable. Le patron du défunt, voulant
témoigner son estime pour l'ouvrier qu'il perdait, avait
mis sa voiture à la disposition du clergé. Les voitures
publiques manquaient encore, et la présence de ce
coupé élégant précédant le corbillard de 7me classe,
indiquait à tout le monde une attention toute parti-
culière.

Tout alla bien jusqu'au cimetière du Père-Lachaise.
L'agitation était grande dans les rues ; les allées et
venues des bataillons, se croisant en tous sens, présageaient une journée difficile. Au retour, la rue de la
Roquette était barricadée : le cocher prend la rue Saint-
Maur et veut descendre la rue du Chemin-Vert. — Là,
un poste de fédérés était déjà établi ; — à la vue de
cette voiture élégante, des cris s'élèvent : C'est un

aristo ! La vue du prêtre les excite davantage. — Ils arrivent en masse à la portière, et le sergent prend la parole : Que fais-tu là-dedans ? tu n'as pas subi la ration... allons, descends... et le reste... La réponse n'est pas possible et ne fait d'ailleurs qu'envenimer la rage de ces gens. Une pauvre femme n'hésite pas à dire : Que vous a-t-il fait ? — C'est vous, lui réplique-t-on, qui les nourrissez à rien faire, ces faign...! Le prêtre descend, quitte son habit de chœur, préoccupé surtout de cette voiture qu'il voit déjà à la barricade. Il se dispose à continuer à pied, lorsqu'un chef arrive, fait un signe à cette bande furieuse, et les mêmes hommes, subitement changés, invitent le prêtre à remonter en voiture. Merci, messieurs, leur dit le vicaire, merci même de vos injures. — Personne ne vous a dit d'injures, répondent-ils. Pauvres gens ! déjà ils ne savent plus ce qu'ils font. La voiture fut arrêtée une seconde fois à quelques pas plus loin ; mais un jeune enfant de 12 à 14 ans, bon et hardi, comme nous les connaissons au faubourg Saint-Antoine, voit l'embarras du prêtre : Monsieur le curé, où allez-vous ? — A Saint-Eustache. — Venez avec moi, je vais vous y conduire. Et sur son indication, la voiture arrive au boulevard du Prince-Eugène au moment où la dernière barricade se fermait : deux minutes plus tard, il n'était plus possible de traverser.

Nous aimons à reconnaître que devant ces premiers accusateurs, nos défenseurs ont été une pauvre femme et un enfant.

Malgré cet incident, les conduites au cimetière continuèrent, à pied ou en voiture suivant l'occurrence, jusqu'au milieu d'avril.

Voici le fait qui les fit supprimer :

Un vendredi, le 14 avril, le second vicaire de Saint-Eustache conduisait un défunt à Montmartre. Arrivé à la place Blanche par les détours que nécessitaient les barricades, il voit deux voitures, l'une fermée, l'autre découverte, côtoyer l'enterrement. Dans la voiture découverte deux fédérés (ces deux individus étaient le commissaire de police des Grandes-Carrières et son secrétaire) et M. l'abbé Herpin, du clergé de Saint-Roch. Cette voiture s'arrête, un garde en descend et vient parler aux porteurs qui marchent en tête du convoi : « D'où vient cet enterrement ? — De Saint-Eustache. — Comment, ce n'est pas encore fermé ! » Et sur ce, il remonte en voiture. Elles se dirigeaient vers le haut de Montmartre. Nous sûmes depuis que la voiture fermée conduisait au comité de Montmartre M. le curé de Saint-Roch et M. Chartrain, son second vicaire.

Depuis cet avertissement, les familles comprirent la prudence qui supprimait les conduites au cimetière, et l'on fit à l'église la cérémonie complète de l'inhumation.

MARDI, 4 AVRIL

La nouvelle de l'arrestation de monseigneur l'archevêque, de ses grands vicaires, de M. Deguerry vint jeter dans nos âmes une tristesse profonde. Quelques jours après, c'était le tour de M. l'abbé Blondeau, curé de Plaisance ; de M. le curé de Saint-Séverin. Évidemment la persécution commençait, et sous le nom d'otages, c'était aux prêtres surtout que la Commune adressait et ses menaces et ses coups. M. le curé de Saint-Eustache fut averti par d'excellents amis que son sort devait être celui de son évêque. Il le comprit, et comprit en même temps qu'il n'avait pas autre chose à faire que de suivre son exemple. Rester à son poste et y être pris, c'était le devoir et l'honneur du curé : il voulait l'un et l'autre.

MERCREDI-SAINT, 5 AVRIL

Dans la matinée du 5 avril, des gardes du poste de la Pointe se présentent à l'église et demandent du bois comme réquisition. M. le curé les reçoit lui-même et leur donne ce qu'ils demandent. A midi M. Bled fait prévenir M. le curé des bruits menaçants qui courent sur sa très-prochaine arrestation. M. le docteur Fournier, de son côté, et plusieurs autres amis accourent. Le danger est imminent. M. le curé de Saint-Laurent envoie son suisse consulter son confrère et ami sur la conduite à tenir. A tous, M. le curé répond qu'il a charge d'âmes, et qu'en dépit des menaces il ne peut quitter ni ses vicaires, ni ses fidèles, ni son église.

La journée s'écoule et est employée à entendre les confessions qui préparent au devoir pascal.

Le soir, M. le curé prend sa collation ; nous causions, bien naturellement, des actes si graves commis en cette semaine : « Demain, dit M. le curé en s'adressant à son domestique, vous préparerez du linge blanc ; on ne sait pas ce qui peut arriver, ce sera toujours une précaution... »

JEUDI-SAINT, 6 AVRIL

Le jeudi matin, nouvelle réquisition de bois de la part des soldats du poste : le bon est accordé comme la veille. M. le curé préside l'office et donne la communion pascale aux fidèles. Rien ne vint troubler la liturgie de ce touchant et grand anniversaire. Pour éviter tout éclat, la décoration du tombeau était simple et digne tout ensemble; rien n'avait été donné à la curiosité.

Après la grand'messe un jeune malade fait appeler M. le curé : il va lui porter les trésors de la foi, laisse l'espérance et la consolation dans la famille attristée, et donne au Ciel un élu pour l'éternité. La matinée avait été précieuse pour le cœur d'un pasteur : Dieu bénissait son zèle et sauvait les âmes.

Il est deux heures trois quarts. Tout se prépare pour les cérémonies de ce grand jour. Les enfants de la première communion quittent leur chapelle ; on voit dans l'église, avec l'émotion qu'inspire le jeudi-saint, le recueillement général. C'est à ce moment que six gardes et un sergent, armés, se présentent au presbytère et remettent une lettre à M. le curé.

Un de nos confrères, M. l'abbé Regnaud, était allé le matin à la préfecture de police demander un laisser-passer. Il était en soutane ; la réponse à sa demande fut sa mise en arrestation immédiate. Il écrivait ce fait à M. le curé, et priait ses confrères de le remplacer pour sa garde.

Cependant la vue de ces hommes armés émeut le voisinage. On vient arrêter M. le curé, se disait-on de toutes parts, et la foule commençait à grossir. Au presbytère le sergent affirme qu'il ne vient pas arrêter M. le curé, qu'il ne s'agit que d'un renseignement à donner et de réclamer son vicaire. M. le curé lui-même croit à cette assurance ; il nous console en la répétant et se prépare à suivre ces hommes sans songer à prendre son bréviaire.

Un de ses neveux, M..., séparé depuis de longs mois, par diverses circonstances, de sa femme et de ses enfants, venait, au même moment, lui faire part d'un projet de voyage rapide pour revoir sa famille, et lui faire ses adieux. La Providence l'envoyait pour être le sauveur de son oncle.

M. le curé entend dans le passage les murmures de la foule, et voulant éviter toutes démonstrations et tout éclat, il propose à ses gardes de traverser l'église et de partir par la porte de la Pointe. Il partit en effet de ce côté, traversa l'église, escorté comme un malfaiteur, salua à genoux encore une fois Notre-Dame-du-Mont-Carmel et reçut l'eau bénite de la main de son neveu, qui le conduisit jusqu'à la voiture ; M. le curé lui interdit d'aller plus loin.

La foule trompée du côté de la rue Montmartre ne crut pas à ce départ, et s'écoula paisiblement.

Sur l'ordre de M. le curé, un vicaire fit les cérémonies du jour. Il semblait que Notre-Seigneur voulait en reproduire la réalité dans la personne de son prêtre.

La cérémonie de la cène était à peine terminée, que le sergent fédéré, le citoyen L... venait nous apporter un billet ainsi conçu :

« Préfecture de police.
« Police municipale.

« Je suis arrêté.

« F. SIMON,

« Curé de Saint-Eustache.

« Je prie qu'on me donne mes deux bréviaires qui sont sur mon bureau de travail.

« Paris, ce 6 avril 1871. »

Oui, notre père, notre curé avait vu son nom écrit sur le livre d'écrou du dépôt de la préfecture de police ! Sa cellule portait le n° 115. Le greffier chargé de consigner ces actes est parent d'un paroissien de Saint-Eustache « Ah! monsieur le curé, s'écrie-t-il les larmes aux yeux en l'apercevant, c'est vous qui êtes là ! »

Le chef de la police municipale, indigné lui-même

de tant d'arbitraire, laisse éclater son dépit, tout en ajoutant : « Monsieur le curé, pour le moment il n'y a qu'à se taire et à obéir ! »

Combien tout cela peint à merveille le triste état des esprits ! Audace et terreur !

On devinera facilement la stupeur et la tristesse profonde de cette journée ! Nous ne nous plaindrons pas cependant, ô mon Dieu, puisque celui à qui vous avez fait l'honneur d'être confesseur de la foi n'a laissé échapper aucune plainte et nous a donné constamment l'exemple de la patience et du courage !

Plusieurs de nos jeunes confrères avaient dû quitter Paris, pour échapper au décret qui appelait au service les hommes de 19 à 40 ans. Ceux qui restaient, avertis de la triste nouvelle, prirent ensemble la résolution de rester fidèles au poste et d'attendre là les desseins de Dieu.

Ici commence l'action intelligente et dévouée du neveu de M. le curé, M... J'aime à retracer ces faits à l'honneur d'un oncle justement vénéré des siens, et d'un neveu reconnaissant. Dès ce moment il devient nôtre. On décide la réunion des membres de la fabrique et de quelques notables de la paroisse pour aviser tout à la fois à la délivrance de M. le curé et à la direction de la Paroisse en ces jours difficiles. En une heure, M... a prévenu tout le monde, et le soir, à huit heures, avait lieu la première de ces réunions, renouvelées le vendredi et le samedi soir : centre d'affection que le bon Dieu a béni, et d'où est sortie cette série de combinaisons et de démarches aboutissant au résultat désiré.

Permettez-nous de vous nommer ici, MM. Goffin, Chenue, Faudon, Saintyves, Maheu, Lemoyne, Desaint, Jully, etc. ; nous n'oublierons jamais l'empressement avec lequel vous avez répondu à notre invitation, la sagesse de vos conseils, et l'affectueux dévouement que vous avez montré à l'œuvre que nous entreprenions.

A la première réunion, des résolutions sages furent prises, des démarches indiquées, et rendez-vous donné pour le lendemain à la même heure.

Tout d'abord M. M... s'occupait du moyen d'arriver à visiter son oncle. M. le docteur O..., médecin de M. le curé, conseilla de demander avis aux membres de l'arrondissement; conseil qui procura le bonheur de deux visites au dépôt, et aida puissamment à la délivrance. MM. Cl. et Ger..., délégués de la Commune pour le quatrième arrondissement, donnèrent à M. M... un laisser-passer inspiré certainement par des sentiments honnêtes et courageux.

Suivons un instant notre cher prisonnier à la préfecture, c'est lui-même qui raconte ce triste passage :

« Ce fut le jeudi 6 avril, à 3 heures du soir, que je me vis écroué dans la cellule 115 du dépôt de la préfecture.

« A peine étais-je entré dans ma nouvelle demeure que je me jetai à genoux après avoir fait à Dieu le sacrifice de ma liberté et même de ma vie. Sous une impression intime que je ne peux rendre, devant ces faits d'un despotisme révoltant, je me rappelai que, depuis les premiers jours de mon ministère, Dieu m'avait établi la providence visible de deux nièces orphelines, maintenant honorablement mariées et n'ayant plus besoin de moi. Je me souvins que j'étais pasteur et je songeai à mes paroissiens, à la désolation de ceux qui habitaient Paris, à la stupeur de mes amis de province apprenant mon arrestation, au chagrin de ma plus jeune nièce, éloignée de Paris momentanément. Oh ! que de brisements de cœurs ! que d'angoisses ! que de larmes intimes dans cette prière faite en ma pauvre cellule ! Mais aussi, la prière terminée, la divine Providence ramina mon courage, et je me relevai avec le calme intérieur qui accompagne toujours le sacrifice offert généreusement à Dieu.

« On me permit d'écrire et c'est à ce moment, chère enfant, que je t'écrivis ces lignes. Mon lit me servit de table et la pensée de te consoler un peu me fit oublier les privations du moment.

«4 heures, le 6 avril.

« Ma chère enfant !

« Ne vous inquiétez pas ! Je suis on ne peut mieux « traité par les employés. Complaisance, bienveillance, « intérêt, tout est mis en œuvre pour me rendre cette « position supportable ; que B... surtout, déjà si fatigué, « ne se laisse pas trop impressionner. J'adore, je bénis « la main de Dieu qui permet ceci. Je le lui offre en « expiation et pour la conversion de ceux de mes parois- « siens qui résistent à la grâce de ce carême : que le « bon Dieu touché leur inspire le zèle du salut de « leurs âmes !

« Dites mille choses à tous, tous, tous ; au cher
« abbé C... surtout. Je serai avec ma paroisse tous ces
« saints jours d'office et prierai pour elle ; je me re-
« commande en même temps aux prières de tous.

« Je t'embrasse de tout cœur ainsi que le cher B...
« le bon et cher M..., mon G... et le dévoué Kl... Je
« prie l'abbé C... de m'envoyer la *Vie de saint François*
« *de Sales.*

« J'ai un bon lit, deux couvertures, draps, etc., tout en
« bon état. Puisque je puis écrire, je le ferai tous les
« jours. Bonne nuit ! Que les paroissiens me consolent
« par leur ferveur et leur piété ! qu'on le leur dise.

« Un bon souvenir à Nic.. et à An....; que M... ne
« dise rien à Marie. Le Seigneur est toute mon espé-
« rance.

« F. Simon. »

Vers 5 heures, le gardien vint traiter la question
des repas. Il y a une cantine et les prisonniers peuvent
faire leur commande et être servis à leurs frais.
M. le curé demande à dîner pour deux. Le gardien
s'étonne ; bientôt il aura l'explication de cet ordre. Le
repas apporté, M. le curé prend ce qui est nécessaire :
Tenez, dit-il ensuite au gardien en offrant la meilleure
part, il y a très-probablement un prisonnier qui ne peut
s'adresser à la cantine, portez-lui ce repas !

Il en fut de même les deux jours suivants.

M. le curé resta enfermé dans sa cellule le jeudi soir,
le vendredi et le samedi sans sortir. Ces trois jours
d'isolement complet lui parurent des siècles : tout au-

tour, des clameurs de gens forcenés, le son du clairon retentissant à chaque instant, les pas des hommes armés dans les corridors, le bruit et les sifflements des portes de fer et des verrous, le roulement des voitures cellulaires amenant des prisonniers, des chants révolutionnaires et sauvages, des alertes de tout instant; comment redire les émotions, les terreurs, les tristesses de cette solitude!

VENDREDI-SAINT, 7 AVRIL

Oui, elle a été cruelle pour vous, ô père aimé, cette nuit, surtout cette grande nuit qui nous rappelle celle des douleurs du divin Maître ! Nous vous sommes restés unis par le cœur : nos larmes et nos prières se sont mêlées aux vôtres !

A six heures M. l'abbé Bourbonne fit le Chemin de la croix ; à huit heures M. le deuxième vicaire, la méditation au tombeau ; à neuf heures, M. le premier vicaire fit l'office, simple et presque sans chant. La piété des fidèles en ces jours dédommageait bien de l'absence de toute harmonie.

Ce jour et le suivant ce furent des visites non interrompues de personnes sans nombre, hommes, femmes, pauvres, riches, venant demander des nouvelles de leur curé, de leur ami, de leur père. Que de larmes versées, que de prières, que de témoignages d'affection !

A trois heures, méditation au tombeau. Nous allions commencer les Ténèbres à quatre heures, lorsqu'on vint nous dire que l'on pillait la cathédrale. A cette alerte on se contenta de quelques prières récitées en commun ; l'église fut un instant fermée, puis rouverte, sur la demande des fédérés du poste, jusqu'à six heures.

Le bon Dieu nous accorda cependant, en cette grande journée de tristesse, deux consolations : la visite de M. Bayle, notre grand vicaire ! Il venait nous consoler, nous aider de ses conseils et fixer notre conduite. Il était libre encore; quelques jours après, hélas ! lui aussi était prisonnier. Un miracle de la Providence, au dernier jour de la lutte, l'a conservé à l'affection du diocèse.

Merci, supérieur si bienveillant et si courageux, c'est dans la douleur que l'on connaît les amis. Vous nous avez bien montré en ce jour que vous aviez appris à noble école à fonder sur l'affection la vraie puissance de l'autorité !

Une autre consolation ! M. M... parvint à entrer à la préfecture porter à M. le curé les livres et objets qu'il avait demandés et revint nous donner des nouvelles ardemment désirées. Avec quelle joie nous l'entendions dire : « *Je l'ai vu* », et que de choses en ces trois mots !

Le vendredi soir, la réunion de notre conseil fut complète : on échangea les démarches faites, les espérances, les nouvelles reçues ; de nouveaux jours se firent, et chacun se retira décidé à continuer ses efforts jusqu'au succès.

SAMEDI-SAINT, 8 AVRIL

Les amis si nombreux de M. le curé cherchaient tous les moyens d'arriver jusqu'aux membres de la Commune. MM. Félix Pyat, Vermorel, avaient déjà reçu des visites qui les obligeaient à s'intéresser au prisonnier. Par l'entremise dévouée de M. le docteur O... et de M. le directeur de la compagnie du gaz, M. Camus, auquel il écrivit la lettre suivante, l'affaire avait été présentée chaudement à M. Beslay :

(1871) 8 avril 10 heures 1/2 du soir.

« Cher Monsieur,

« Je trouve en rentrant la lettre ci-dessus du neveu
« de notre pauvre curé de Saint-Eustache. Je vous
« l'envoie immédiatement par M. M.. en personne. Vous
« voyez combien il est indispensable que vous voyez
« M. Beslay dès demain matin. — M. M... pense même
« qu'une lettre de vous écrite ce soir même et qu'il
« portera à M. Beslay à la Commune pourrait suffire.

« — Entendez-vous avec lui à ce sujet et faites pour
« le mieux. Merci, merci pour notre pauvre curé.

« Bien à vous,

O... »

Une pétition toute spontanée, partie de la paroisse
Sainte-Marguerite, demandait la délivrance de l'ancien
curé du faubourg Saint-Antoine.

Dans la paroisse, les bouchers des Halles, vivement
émus en apprenant l'arrestation de leur curé, l'un des
membres les plus anciens de leur société, se préparaient
à manifester leur mécontentement. Sous cette inspiration enfin et guidées par l'énergie de leurs cœurs, les
dames de la Halle avaient rédigé une lettre ; une délé-
gation la porta à la préfecture ; ce n'était pas une sup-
plique, mais un ordre ; en voici le résumé : Nous voulons notre curé ! — Votre curé est comme bien d'autres.
— Les autres ne nous regardent pas, nous demandons
notre curé. Il faut qu'il soit à Saint-Eustache pour
Pâques etc...

C'était vraiment la conspiration de la reconnaissance
et de l'affection, et Dieu semblait la diriger.

Suivons-la à l'œuvre. M. M... sait tous ces détails, il
recueille tous les fils de cette trame, obtient lui-même
des délégués de son arrondissement des laisser-passer
qui lui permettent une deuxième visite à son oncle et
un accès facile jusqu'à l'Hôtel de Ville.

Le soir, à huit heures, il nous raconte ces faits et cet
élan de tous, il nous parle du cher prisonnier. La Providence a placé au greffe un ami, et le gardien lui-
même l'environne d'attentions.

Nous constatons avec espérance les termes excellents des lettres et des laisser-passer. M. M..., fort des sympathies acquises, nous dit son intention formelle d'aller plaider lui-même à la Commune la cause de son oncle, et nous le quittons en lui disant : Courage ! en enviant sa mission, et en appelant sur elle les bénédictions d'en haut.

Quel moment, ô mon Dieu ! Vous souvient-il, Messieurs, de nos anxiétés et de ce mélange d'espoir et de craintes qui remplissait nos âmes ? On se pressait les mains avec effusion, et nos cœurs n'avaient qu'un regret, celui de ne pouvoir se dévouer davantage.

Dans sa cellule le prisonnier n'oublie pas les siens. Il sait qu'une lettre adressée à l'un de ses prêtres peut le compromettre inutilement ; il adresse à son domestique un mot collectif qui calmera les inquiétudes :

« Mon bon Nicolas,

« Je vais bien, autant que la chose est possible en
« ces circonstances. Dites bien des choses à B., F., G.,
« et M.; un souvenir affectueux à tous ces Messieurs,
« aux personnes qui vous parleront de moi, aux con-
« cierges, à Annette.

« F. Simon,
« Curé de Saint-Eustache.

« Je prie le bon Dieu dans ma solitude pour toute
« ma paroisse et mes amis.

« Ce 8 avril 1871.

« Que surtout on ne me plaigne pas trop : on est
« heureux d'être prisonnier quand on a pour soi sa
« conscience.

« Le temps passe encore ici plus vite qu'on ne l'ima-
« gine, en priant, en lisant, en méditant.

« Au dépôt, cellule 115. »

« Je désire qu'on ne m'écrive pas, de même que je
« n'écris pas moi-même. »

— A la visite faite par M. M..., M. le curé pense à sa
plus jeune nièce, éloignée de Paris avec ses enfants, il
craint pour elle les nouvelles des journaux et il se
hâte, au greffe même, d'écrire un billet, qui, placé dans
une lettre de son mari, pourra lui donner le change et
faire croire à des erreurs dans les récits imprimés :

« Ce samedi-saint, bien occupé.

« Ma chère petite Marie,

« Je n'ai que deux minutes, et j'en profite pour te
« dire que je vais très-bien.

« Embrasse pour moi les petits chéris.

« F. Simon. »

Il est dix heures du soir ; suivons les détails de cette
indicible nuit. — M. M... va rue Bergère, chez M. le
docteur O... — avec la lettre que nous avons citée ; —
rue Condorcet, M. C... écrit à M. Beslay. — M. M....
arrive enfin à l'Hôtel de Ville. Il est minuit. — La
Commune siége en permanence. — Dans les escaliers
et les salons vont et viennent les fédérés et les em-

ployés de ce régiment nouveau. — La porte du conseil s'ouvre, et c'est à la lumière du gaz qu'apparaissent les membres de la Commune, revêtus de leur écharpe écarlate, discutant avec bruit les décrets en travail ; spectacle effrayant et navrant à la fois, car c'était le conseil de la fureur et de la folie !

Félix Pyat, interrogé sur la captivité du curé de Saint-Eustache, répond que l'on parle à un diable converti. — Vermorel donne des espérances de salut. Beslay veut obtenir une délivrance pour le jour de Pâques ! Jules Vallès, « le *Cri du peuple* », seul, montre du dédain : « Quand j'étais en prison, je n'avais pas « de neveu pour demander ma grâce ! C'est un calotin. « Qu'il y reste ! »

« Citoyen Vallès, lui réplique l'intrépide M. M..., il est « probable que vos neveux ne reconnaissaient pas en « vous un oncle comme le mien. »

Restait à gagner Raoul Rigault, appelé si justement le tigre de la Commune. — Il mettait aux démarches entreprises une opposition formelle. Beslay ne désespérait pas cependant, et sa dernière parole à M. M... avait été : — « Ce matin, à huit heures, revenez me voir, « je vous donnerai une lettre pour Rigault ; je veux « que votre oncle chante la messe dans son église. »

La lettre de Beslay fut inutile, nous la conservons cependant comme un acte précieux, qui honore son auteur :

« Mon cher Raoul Rigault,

« En vrai Breton je suis têtu et ne me lasse point ;
« comme républicain et dans l'intérêt de notre cause,
« je reviens à la charge pour la mise en liberté, du
« moins pour aujourd'hui, du curé de Saint-Eustache.
« Croyez-moi : comme je vous l'ai dit hier soir, vous
« ne pouvez arrêter tous les prêtres de Paris, vous ne
« sauriez où les mettre, et, s'il y a faveur, que ce soit
« pour ceux qui passent pour libéraux et ne s'occupent
« pas de politique. Voici une lettre du directeur du
« Gaz, veuillez prendre le temps de la lire ou de vous
« faire faire un rapport.

« Voyez si vous ne pourriez pas le laisser partir au-
« jourd'hui (Pâques) avec parole de se réintégrer à
« votre première sommation. Je me rends personnel-
« lement garant de l'accomplissement des engagements
« que vous pourrez lui demander.

« A vous cordialement.

« Ch. Beslay.

« 9 avril 71. »

Un dernier détail avant de quitter l'Hôtel de Ville.
— Pendant que M. M... attendait, dans un premier
salon, les audiences demandées aux différents person-
nages cités, il se trouva lier conversation avec un jeune
homme ami intime de R. Rigault, revenant d'accom-
plir dans le Midi une mission de la Commune. M. M...
lui parle de ses démarches, de ses chagrins, de ses

craintes. — Cet étranger l'écoute, s'intéresse à cette affaire et promet d'en parler lui-même au préfet de police. — On se sépare. — Que se passe-t-il alors ? c'est l'œuvre de Dieu et son secret.

Au dépôt de la préfecture, M. le curé prenait son repos, si l'on peut appeler repos le sommeil que la nature arrache dans de pareilles conditions. Nous lui laissons encore la parole : « J'ignorais toutes les démarches de mes paroissiens et de mes amis lorsque le 9 avril, jour de Pâques, à 3 heures 1/2 du matin, le geôlier ouvre brusquement la porte de ma cellule et d'une voix de stentor : 115 ! s'écrie-t-il, levez-vous, dépêchez-vous, prenez vos bibelots et descendez. Stupéfait de ce réveil, je lui demande : Où vais-je aller ? — Je n'en sais rien, répond-il, peut-être est-ce votre délivrance, peut-être autre chose… Il y a dans la vie tant de jours mauvais ! Mais bref de dialogue et de pourparler, hâtez-vous… — Me lever, m'habiller, prendre les quelques objets que j'avais, fut l'affaire d'un clin d'œil, et déjà j'avais franchi le seuil de ma cellule, laissant à mon geôlier un témoignage de ma gratitude pour ses soins à mon égard. — Des gardes armés m'attendaient, ils me placent au milieu d'eux, et dans le silence de la nuit, à la lueur de quinquets fumants et à moitié éteints, je traverse corridors et cours interminables. Enfin j'arrive dans un cabinet assez spacieux meublé et tapissé en vert : la fumée des cigares épaissit l'atmosphère ; les gardes me quittent, et je me trouve en présence d'un magistrat de la Commune ; il est jeune, porte une barbe épaisse, sa physionomie est farouche ; il a sur la tête un képi brodé. — Autour de lui, formant sa cour, des individus de tous costumes, debout, assis, couchés. Mon entrée a fait sensation, et tous les regards se dirigent sur moi. L'interrogatoire commence : « Vous êtes le citoyen Simon, curé de Saint-Eustache? — Oui, monsieur. — C'est bien vous, reprend le président, qui êtes le citoyen Simon, curé de Saint-Eustache? — Oui, Monsieur. — Comment se fait-il que vous soyez ici? — Comment il se fait que je suis ici ! ce n'est pas certes de mon chef que je suis enfermé et délaissé depuis trois jours sans que personne de mes accusateurs ait donné signe de vie. Je suis ici parce que douze hommes armés sont venus m'arracher de mon presbytère sous le faux prétexte de délivrer par une démarche un de mes vicaires arrêté sans motif le jeudi matin. — Arrivé au bureau du chef de la police municipale, on me déclare arrêté ; voici, Monsieur, l'explication de ma présence ici.

« — Il paraît, reprend le président, que vous jouissez d'une bonne réputation dans votre quartier ; — vous avez des idées larges et libérales, et vous passez pour avoir des opinions républicaines ; en conséquence, je vous rends votre liberté et je vous remets votre laisser-passer que je viens de signer.

« — Monsieur, lui répondis-je, je vous remercie, mais permettez-moi de n'en user qu'après vous avoir expliqué en quel sens il faut entendre mes idées républicaines ; il répugnerait à ma dignité de ne devoir ma délivrance qu'à un faux-fuyant à l'aide duquel j'aurais honteusement acheté ma liberté. Voulez-vous me permettre de m'expliquer?

« — Volontiers, reprend le juge communeux, dont la physionomie s'anime tout à la fois de curiosité et de vanité satisfaite.

« — Voici dans quel sens j'incline pour la République : En voyant les révolutions monarchiques qui depuis plus de 80 ans se succèdent comme fatalement après quelques années de paix passagère, et qui sont pour la France une cause d'épuisement à l'intérieur et de déconsidération au dehors, j'ai pensé et j'ai dit parfois, non pas en chaire mais dans des réunions d'amis, j'ai dit qu'à la vue du caractère léger des Français, de leur amour du changement, de la facilité avec laquelle ils se débarrassent d'un maître qu'ils ont eux-mêmes choisi, il serait bon de faire loyalement un essai de République. — Le changement d'un président tous les trois ou cinq ans, prévu par la constitution, satisferait le goût de la variété et s'effectuerait sans ces terribles secousses qui épuisent notre belle France, comme les saignées trop fréquentes tuent la santé la plus florissante.

« Voilà mes idées républicaines.

« Et puis, ajoutai-je, il court dans le monde des idées très-fausses à l'endroit des prétendues faveurs de la monarchie envers la religion et le clergé. Ainsi on répand partout dans le peuple que, pour se faire aimer du clergé, la monarchie le gorge d'or et d'argent. Mais remarquez que le clergé en masse se compose de curés et de vicaires. — Dans les villes comme dans les campagnes, les curés reçoivent du gouvernement 900, 1,200, 1,500 francs au plus. — Les vicaires des grandes villes comme Paris ne reçoivent pas un centime et les vicaires de province reçoivent 350 francs comme les gardes champêtres ; — c'est ce que je recevais lors que, il y a 25 ans, j'étais vicaire de Passy, alors banlieue de Paris. — Vous avez les budgets des mairies et de la ville : contrôlez, si vous le voulez, ce que j'avance. — Est-ce là franchement ce que l'on peut appeler gorger d'or et d'argent?

« On accuse le clergé d'être ennemi des ouvriers et de laisser le peuple dans l'ignorance, d'être l'éteignoir de la société ; — mais lisez donc les mandements de nos évêques qui, depuis plus de quarante ans, réclament la liberté d'enseignement! et de tous les gouvernements qui se sont succédé, la République de 48 seule l'a accordée, pendant son règne bien court. C'est elle-même qui a augmenté le traitement des curés de campagne, dont elle appréciait et la pénurie et le dévouement. — Oui, avec cette vraie liberté, qu'on essaye franchement de la République, et tous nous y gagnerons, l'État, la société et la religion. Voilà, monsieur le président, mes opinions ; si vous êtes satisfait de ces explications loyales, j'accepte la liberté que vous me rendez et je retourne plein de joie à mon cher troupeau. »

Le préfet de police écoutait comme un homme qui entend un langage nouveau. — Plusieurs fois M. le curé avait voulu s'arrêter en disant : — « J'abuse de votre attention. — Continuez, répliquait Raoul Rigault, car c'était lui, continuez, monsieur le curé », en retirant poliment son képi, et toute sa petite cour s'était rapprochée, suivant avec attention ce singulier dialogue.

Enfin, après les derniers mots :

« Voici, dit le préfet, voici, monsieur le curé, votre
» laisser-passer. Mais il est nuit ; seul dans les rues
« vous pourriez être contrarié sur votre route, je vais
« vous faire accompagner par deux de mes amis. »

Le laisser-passer était ainsi conçu :

« Laissez sortir de la préfecture le citoyen Simon,
« curé de Saint Eustache.

« RAOUL RIGAULT.

(Cachet)   « 9 avril 1871. »

Et la porte de la préfecture s'ouvrait pour notre cher
curé : il était libre !...

Arrêté le jeudi-saint, à trois heures de l'après-midi,
délivré le jour de Pâques, à trois heures du matin !

Il sort. Deux messieurs, jeunes et de mise convenable, marchent à ses côtés. — Les sentinelles s'in-
clinent devant la signature du maître. — Chemin fai-
sant, M. le curé, témoignant à ces messieurs sa reconnaissance de la peine qu'ils prenaient pour lui au milieu
de la nuit : « Saint Pierre, leur dit-il, fut tiré de prison
par deux anges au milieu des ténèbres ; je ne puis
m'empêcher en ce moment de voir en vous mes deux
anges. » — Un sourire accueillit cette allusion, et la conversation fut d'ailleurs très-convenable jusqu'au presbytère.

Ces messieurs allaient quitter M. le curé en le félicitant, lorsque celui-ci leur dit : « Je serais heureux de
savoir les noms de mes deux anges, afin de pouvoir

leur témoigner ma gratitude. — Monsieur le curé, je suis secrétaire du préfet, répond le premier. — Je suis son archiviste, répond le second... » Et après un dernier salut, on se sépara.

Nous reposions, après ces tristes jours de larmes, lorsqu'un coup de sonnette nous réveille. L'anxiété dans laquelle nous vivions ne donne à cette sonnette d'autre sens que celui de l'arrestation. On venait nous prendre à notre tour !

« Qui est là ? — C'est Pierre. » — Complétement étrangers à cette allusion si touchante, nous demandons : « Qui, Pierre ? — Comment vous ne reconnaissez pas ma voix ? » — C'était en effet le bon pasteur qui, comprenant l'affection de ses enfants, n'avait pu attendre au jour pour leur annoncer la bonne nouvelle. — Quelle étonnante surprise ! et quel cri d'actions de grâce s'est échappé de notre cœur !

M. M... est averti de son côté. — La fête de Paques sera bien belle à Saint-Eustache ! — Alleluia !...

Vite, sur un désir de M. le curé, le pain bénit de la grand'messe sera vraiment le pain de la famille, et trois mille brioches sont commandées dans cette intention. Les cloches silencieuses depuis quatre jours vont annoncer à l'Angelus « la joie d'une résurrection nouvelle. » — Les affiches de l'église diront : A 10 heures, grand'messe par *Monsieur le curé ;* et bientôt la paroisse sait le retour de son pasteur.

Aussi, comment retracer le spectacle touchant et les émotions de cette grand'messe ! L'église est remplie de fidèles. — C'est la grande fête de la foi catholique, et les appréhensions générales n'ont pas étouffé les enseignements que réveille le souvenir de la Pâque chrétienne.

M. le curé paraît pour la procession, revêtu des habits sacrés ; il est pâle, et sa physionomie altérée trahit les rudes impressions de ces trois jours, aussi bien que les émotions de la joie qu'éprouve son cœur en revoyant les siens.

Tous les regards le cherchent, les larmes coulent de tous les yeux. On veut le voir. Tout le monde voudrait être aperçu de lui, lui faire comprendre la joie de tous. — Vous étiez là, monsieur le secrétaire de la préfecture, et vous avez été ému de la tendresse et du respect qui animaient toutes les âmes !

Au prône, M. le curé monte en chaire. D'abord sa voix est étouffée par les larmes. Il parle cependant. On est venu épier ses paroles : soyez sans crainte, c'est la piété qui enseigne et qui pardonne ; pas une plainte, pas une allusion pénible.

Chacun reçoit sa brioche bénite : on ne s'étonne pas de cette attention d'un père, dont on connaît la délicatesse, et, nous savons plus d'une famille où l'on garde bien précieusement la brioche du jour de Pâques.

La messe est terminée, mais la piété filiale des fidèles n'est pas encore satisfaite. — A peine rentré à la sacristie, M. le curé dépose la chasuble et reçoit, suivant de nobles traditions, le salut des membres de la fabrique. — Aujourd'hui, c'est l'assistance tout en-entière qui se présente, et, pendant une demi-heure, le père reçoit de ses enfants le témoignage de la plus vive affection. — Les hommes l'embrassent avec les larmes dans les yeux, les dames le saluent avec bonheur, tous veulent lui dire leur joie et leur reconnaissance.

O mon Dieu, vous seul pouvez donner au cœur de si douces consolations. — Seul, vous pouvez inspirer de si nobles sentiments.

Hæc Dies quam fecit Dominus : — Exultemus et lætemur in eâ !

LUNDI DE PAQUES, 10 AVRIL

———

Le lundi de Pâques fut marqué par un incident dont le récit complétera celui de la captivité de M. le curé.

Saisi inopinément et ne pensant nullement à une arrestation, M. le curé avait conservé sur lui une somme importante destinée par la fabrique à acquitter un payement dû à la maison Langlois, marbrier de la mosaïque du chœur.

Au greffe de la préfecture, sur la demande : Avez-vous de l'argent ? M. le curé fit connaître la somme dont il était dépositaire. Le citoyen Lafond, chargé de le conduire, reçut l'argent et, forcé lui-même de le déposer au bureau de la police municipale, avait tiré un reçu que nous vîmes dès le jeudi. — Cet argent, nous l'avouons, nous paraissait fort aventuré.

Or, ce lundi, le secrétaire qui avait accompagné le captif délivré arrive à la sacristie. — Après avoir exprimé à M. le curé l'impression qu'avait produite sur lui la vue de la messe de Pâques à Saint-Eustache et la réception que les fidèles avaient faite à leur curé : « Je « pense à votre argent, monsieur le curé, vous a-t-il été

« rendu ? — Non, Monsieur. — Où l'avez-vous déposé ?
« — Au bureau de la police municipale. — Cela suf-
« fit. » — Il part et revient une demi-heure après rap-
portant intacte la somme de trois mille francs déposée
par M. le curé.

MARDI, 11 AVRIL

Cependant les gardes du poste de la Pointe, témoins
des faits et auditeurs des paroles concernant M. le curé,
ne cessèrent dès lors de lui témoigner déférence et
respect.

Une perquisition dans l'église fut décidée, on en
prévint M. le curé avec beaucoup de formes et on put
prendre des mesures pour qu'elle n'éveillât en aucune
façon l'attention du quartier. Un lieutenant et six
hommes visitèrent l'église, le caveau, le calorifère, les
tours et les galeries, dressèrent procès-verbal des cercueils déposés pendant le siége, et après avoir constaté
l'ordre parfait, se retirèrent en nous assurant de leur
protection. Un mot nous revient de cette perquisition.
Plusieurs gardes admiraient en particulier la mosaïque
récente du chœur. L'un d'eux se mit à dire : « Que ce serait dommage de détruire un si beau travail ! » Était-il
au courant des projets futurs ?

Cette compagnie demeura plusieurs semaines et fut
plus d'une fois l'objet des attentions de M. le curé, qui
lui donna, avec le bois nécessaire, parfois du vin et de

la viande : nous devons l'avouer, la reconnaissance la plus sympathique accueillait ces prévenances. Ce qui est certain, c'est que deux compagnies, l'une après trois semaines, l'autre après deux semaines de séjour, vinrent, par l'organe de leur chef de poste, demander à M. le curé un certificat attestant leur respect pour l'église et leur dévouement pour le bon ordre. — M. le curé signa de grand cœur l'expression de la vérité !

Durant ce mois, une sorte de tranquillité relative régnait à Saint-Eustache. — Le pauvre cœur seul avait chaque jour ses assauts. — C'étaient les tristes nouvelles des persécutions qui frappaient nos frères et les églises. — Le vénérable curé de Saint-Leu arrêté, son église profanée, les tombeaux violés, la sainte hostie jetée à terre et recueillie heureusement par un paroissien courageux qui nous l'apporta avec le respect qu'inspire la foi. — Plus tard le pillage de Notre-Dame-des-Victoires, de Notre-Dame-de-Bonne-Nouvelle, etc. — Des personnes, inspirées sans doute par le dévouement, venant chaque jour nous adresser des avis qui avaient le sens des menaces, et nous montrant notre tour arrivé, et le moment fixé pour notre arrestation et le pillage de l'église.

Cependant rien ne fut interrompu dans le service divin et dans les secours spirituels donnés aux fidèles. — Messes, catéchismes, enterrements, même des paroisses dont les églises étaient fermées, baptêmes, confessions, etc.

Chaque jour de ces mois on put voir, après sa

messe, M. le curé distribuer aux pauvres d'abondants secours. — Tous ceux qui ont été l'objet de sa charité ont-ils été ses défenseurs?

Sous l'inspiration de la foi, M. le curé avait invité ses vicaires pendant le siége de Paris à faire adoration perpétuelle. — Cette pratique fut continuée pendant la Commune, et chaque jour, de 1 heure à 5 heures, un prêtre en surplis faisait garde d'honneur et pénitence au pied du tabernacle. — Ce n'est pas témérité que d'attribuer à cette sainte et modeste pratique les grâces de préservation dont nous avons été l'objet, sans parler de la consolation profonde que nous trouvions à venir déposer aux pieds du divin Maître nos cœurs brisés et cependant soumis.

Le dimanche qui suivit l'arrestation de M. le curé de Saint-Leu et la profanation de l'église, l'office paroissial de Saint-Eustache eut lieu sans aucun chant et les vêpres furent psalmodiées. — C'était triste, il est vrai, mais bien en harmonie avec le deuil des âmes vraiment chrétiennes.

Chaque dimanche après les vêpres, la confrérie de Notre-Dame-du-Mont-Carmel ne faisait plus entendre les chants de douce et joyeuse piété; prêtres et fidèles se rendaient ensemble à la chapelle de la Sainte Vierge et récitaient le chapelet tout entier. Que de larmes et que de vœux accompagnaient cette simple et catholique dévotion !

MAI 1871

Le mois de Marie approchait. C'est pour les enfants de la sainte Église, un mois de douce piété et de joie profonde. — Il fut salué avec confiance et les vœux redoublèrent auprès de l'autel de Marie.

M. le curé, toujours inspiré par la prudence, voulut que l'exercice n'eût d'éclat que celui d'une piété plus profonde, et sa pensée fut comprise. — Chaque jour, à 4 heures du soir, les fidèles se réunissaient à la chapelle de la Sainte Vierge. — Trois dixaines de chapelet, une lecture méditée, faite alternativement par M. le curé et ses vicaires, la bénédiction du Saint-Ciboire que les fidèles accompagnaient du chant *Tantum ergo* et du *Sub tuum*, c'était simple et court; mais tous ceux qui ont pris part à ces exercices avouent que le cœur y était content, que l'âme étouffée par l'atmosphère extérieure respirait librement et que l'on oubliait au moins un instant les injures et les blasphèmes lancés chaque jour contre Dieu, sa religion et ses ministres.

Ce fut pendant la première quinzaine de mai que parurent les articles terribles du *Cri du peuple* sur le ser-

ment, *du Père Duchêne* demandant le massacre des otages, les infâmes et odieuses révélations d'un curé démissionnaire, et le reste. — Nous récoltions les fruits de ces enseignements par des injures lorsque notre ministère près des malades nous obligeait à paraître dans les rues. — Un de nos plus proches voisins, instruit sans doute à cette école, vit quelques meubles quitter le presbytère : « Tenez, dit-il, voilà ces ca-
« nailles qui déménagent et ils diront ensuite qu'on les
« pille ! »

Nous n'oublierons jamais les regards et l'accent d'une femme qui, nous voyant rentrer au presbytère après avoir communié un infirme, s'arrêta court pour nous dire : *Encore un sacré jésuite !*

Ce fut aussi vers cette époque que les frères et les sœurs dirigeant les classes de la rue de la Jussienne furent obligés d'abandonner leur poste. — Le frère directeur eut l'honneur de deux jours de prison, et la sœur supérieure dut, après cinquante-deux ans de mission dévouée auprès des pauvres du quartier, laisser sa maison et ses enfants aux dames de la Commune.

Du reste le vide se fit dans les classes. — Nos jeunes enfants, filles et garçons, fidèles au catéchisme, nous montrèrent que rien ne leur en faisait oublier le chemin. — Ils vinrent, malgré tous les obstacles, assister aux séances.

LE CLUB

JEUDI, 4 MAI

Le jeudi 4 mai, M. le curé reçut l'invitation (on comprend ce mot) de mettre son église à la disposition du comité des clubs. Voici les faits :

Déjà l'église de Saint-Nicolas-des-Champs était envahie chaque soir, et les doctrines impies, immorales, étaient à l'ordre du jour de ces réunions dites populaires. — Le projet était d'occuper ainsi toutes les églises, et le nom de Saint-Eustache avait été prononcé plus d'une fois par des orateurs communeux. Nous espérions encore échapper à ce désastre lorsque, le jeudi 4 mai, M. le curé reçut la visite de trois jeunes gens se disant délégués du comité des clubs et le prévenant que le lendemain on prendrait son église pour faire le club central Saint-Eustache.

M. le curé fait d'abord des observations fondées sur l'inconvenance d'un acte pareil, sur le danger pour cette belle église de subir, avec la profanation, des dégradations considérables. — Ces messieurs, conduits dans l'église, semblent entrer dans les vues de M. le curé et lui promettent de porter au comité ses légitimes observations. D'ailleurs, ajoute M. le curé, les clubs étant placés, par un nouveau décret, sous la direction de la municipalité, rappelez-vous, messieurs, que je ne céderai que sur un ordre formel des membres de la mairie du 1er arrondissement. — Monsieur le curé, nous vous apporterons cet ordre. — Ce fut leur dernier mot.

VENDREDI, 5 MAI

La journée du vendredi 5 mai s'écoulait anxieuse et triste ; personne ne paraissait. Le comité avait-il changé d'avis, ou bien allions-nous être l'objet d'une de ces surprises despotiques fréquentes en ces jours? — M. le curé se tenait prêt à tout. — Vers 7 heures, nous achevions le repas du soir, lorsqu'on vint nous dire : La foule se montre au grand portail. — Nous savions que la veille, à la fin de deux réunions de clubs, rendez-vous avait été donné pour le lendemain au club Eustache. Évidemment on voulait envahir l'église sans ordre, et le peuple souverain, tenant à agir seul, méprisait déjà ceux qu'il s'était donnés pour chefs.

En effet, des gardes nationaux arrivent au presbytère, emandant à M. le curé d'ouvrir son église, lui montrent avec une déférence hypocrite cette église envahie et pillée s'il refuse, et ne présentent pas d'autre ordre que leur volonté et celle de ce peuple qui crie les chants de la *Marseillaise* et des *Girondins*.

M. le curé avait fait connaître, dès la veille, au citoyen

Pillot, du 1ᵉʳ arrondissement, la démarche des trois délégués du comité des clubs. — Aucune réponse.

A ce moment, il fallait agir. — La Providence avait conduit au presbytère l'abbé L..., ami dévoué, énergique. — Il était en laïque. Les circonstances exigeaient ce pénible costume. — Il a compris la difficulté du moment. — Il prend un mot de M. le curé et court à la demeure du citoyen Pillot. Personne ! Il va à la mairie, parvient malgré les sentinelles au seul délégué présent : « Citoyen, voilà ce qui arrive, à vous seul la responsabilité de ces actes. » — Que faire ? Le citoyen F. Winant hésite d'abord, il sent que sa signature va consacrer quelque chose de grave. — Le messager, ferme et intelligent, le presse, le pousse dans les derniers retranchements et l'oblige à signer en deux fois cet ordre terrible devant lequel il reculait, et que nous reproduisons ici :

« Ville de Paris.

« 1ᵉʳ Arrondissement.

« Mairie du Louvre.

> « Si les citoyens qui se présentent,
> « sont munis d'une autorisation en
> « règle, il n'y a qu'à obéir.
>
> « Salut et fraternité.

Cachet.) « Pour les délégués membres de la Commune,

« F. WINANT. »

« Laissez tenir la réunion quand même.

« F. W. »

Telle était l'énergie de ce magistrat improvisé.

Cette démarche fut rapide. — Cependant la foule grossissait, et les cris devenaient menaçants. — M. le curé fait préparer quelques lampes et descend lui-même présider à cette triste et douloureuse détermination. — Il veut sauver son église. — Il savait du reste les conseils de prudence déjà donnés par le vénéré Mgr de Parium en circonstances analogues.

On ouvre les portes. — Des cris d'une joie infernale saluent le bruit qui annonce cette ouverture. Il faut bien le dire, des femmes forment la tête de cette masse effrayante. On se prépare à franchir le seuil du temple avec les chants de triomphe et les accents de l'impiété.

C'était compter sans l'énergie du pasteur ; — forcé de céder à la violence et à une autorité brutale, il était là debout sur le seuil de son église. — A sa vue, cette foule stupéfaite cesse ses chants, — un cri d'étonnement : *M. le curé !* circule de toutes parts, et les révolutionnaires de tout à l'heure deviennent dociles et respectueux. — Ils se placent dans la nef sur l'indication même de M. le curé, dans un silence relatif, tête découverte, et attendent patiemment l'ouverture de la séance :

Le président se lève : « Citoyens, il est de mon de-
« voir de vous rappeler le respect de ce lieu. — Il n'est
« pas permis d'y fumer, d'y demeurer tête couverte et
« d'y faire aucune dégradation..... etc... »

On écoute sans murmure. — Malheureusement les

présidents se succédèrent comme les jours et ne se ressemblèrent pas.

Du 5 au 21 mai, chaque soir nous eûmes la douleur de voir se renouveler ces réunions lamentables, et Dieu seul sait les amertumes de ses prêtres en ces moments. — Sans doute, nous l'avouons avec douleur, on y prêcha des doctrines mauvaises, et nos saintes voûtes ont dû entendre plus d'une impiété ; — toujours est-il qu'au dire de témoins nombreux, ce club resta le plus ordonné, le plus policé de tous ; l'église ne subit pas la moindre dégradation, et le sanctuaire ne fut jamais occupé. — Le drapeau rouge, hissé avec éclat dans la plupart des clubs, ne paraissait que timidement pendant les séances et disparaissait avec elles.

Après la protection évidente de Dieu, nous aimons à attribuer cette grâce à l'énergie, à la prudence de M. le curé.

Qu'on nous permette sur ces réunions seulement deux détails. Chaque soir un verre d'eau et du sucre était préparé pour rafraîchir les orateurs. — C'était probablement forfaire à l'égalité, et le sucre indiquait de l'aristocratie. — Le sucre et le sucrier disparurent, un membre du peuple souverain en avait fait justice et se l'était annexé.

Une autre fois un citoyen courageux vit que l'on demandait 5 centimes à l'entrée ; il s'arrête et, d'un ton indigné : « Comment, dit-il, vous reprochez aux « prêtres de demander de l'argent pour vous prêter « des chaises qui leur appartiennent, et vous, vous de- « mandez de l'argent pour les chaises qu'ils vous prê-

« tent ! Allons, citoyens, entrez, nous sommes libres
« ici, et c'est gratis. » — Il n'y eut pas d'opposition.

Le dimanche 21 mai, les orateurs manquèrent au club
et l'assemblée se dédommagea des discours absents
par le chant de la *Marseillaise*. Une femme disait les
couplets et la foule surexcitée reprenait les refrains. —
Tristes échos de sentiments impies ! — Ah ! si du moins
ces accents eussent été inspirés par le patriotisme et
la foi !

Le lundi 22 mai, disette complète au club ; point
d'orateurs, point de bureau ; les auditeurs eux-mêmes
étaient en petit nombre, on le comprend. L'armée occupait déjà le Champ-de-Mars, et le règne des orateurs
disparaissait. — Le suisse se contenta de dire :
« Citoyens et citoyennes, le bureau étant absent, la
séance est levée », et chacun de prendre aussitôt le chemin de la porte. — Ainsi se terminait cette session que
l'on peut appeler à juste titre, la session infernale.

VENDREDI, 12 MAI

Le vendredi 12 mai, à 9 heures 1/2 du soir, M. Goffin, appelé à juste titre le Vincent de Paule du quartier, président de la fabrique de Saint-Eustache, administrateur du bureau de bienfaisance pour le 1er arrondissement, reçut aussi la visite de fédérés ; sa maison, rue Sauval, était cernée ; quatre gardes et un officier montèrent à l'appartement. On s'empare de ses papiers et on l'invite à passer à la mairie. Là il fallut attendre le citoyen Pillot qui siégeait à la Commune. Il arrive enfin et fait subir l'interrogatoire. Ce citoyen maire, ne connaissant pas le timbre du bureau de bienfaisance trouvé sur les papiers de M. l'administrateur, s'imagina reconnaître des papiers de Versailles. La méprise fut facilement reconnue et, à minuit, M. Goffin recouvrait sa liberté. La couronne vénérée de ses quatre-vingts ans avait un fleuron de plus !

De retour chez lui, il aperçut dans ses papiers une lettre datée du jour, signée *Vésinier*, ordonnant au citoyen Pillot, au nom du club Nicolas, d'arrêter sur-le-champ un brave habitant de la rue Saint-Honoré. Cette terrible pièce fut à l'instant brûlée.

Nous avons entendu M. Goffin nous dire, les larmes aux yeux : « Dieu a ses desseins que nous ne savons pas ; je crois que je n'ai été arrêté que pour être l'occasion du salut de ce brave homme de la rue Saint-Honoré. »

SAMEDI, 20 MAI

Un fait marqua le dernier samedi de la Commune.
— Une jeune personne de la paroisse épousait un des
aides de camp de Bergeret *lui-même*. — Le marié demanda la bénédiction nuptiale. — C'était en *ce moment*
et dans sa position, un acte de courage. — M. le curé
voulut récompenser cette démarche ; le mariage se fit
au chœur avec accompagnement des petites orgues.
M. le curé donna la bénédiction aux époux. L'assistance était peu nombreuse, mais parfaitement recueillie.
Les époux et les témoins exprimèrent hautement leur
satisfaction et prièrent M. le curé de prendre part au
repas de famille. Celui-ci s'excusa facilement sur la
tristesse de ces jours tout en félicitant les jeunes gens
de cette expression de leur foi et de leurs sentiments
religieux.

DERNIÈRE SEMAINE

Nous touchons au terme de ces jours à jamais néfastes. — Les décrets se multipliaient chaque jour : affiches, journaux devenaient menaçants, redisant mensonges, calomnies de tous genres. Cependant nos catéchismes de première communion se terminaient, l'examen était passé, et l'on se demandait s'il fallait faire faire la première communion. Quelques paroisses l'avaient osé, mais timidement et tristement. — L'agitation de la Commune, les nouvelles de Versailles, tout présageait une lutte prochaine des plus acharnées. Il fut décidé que la première communion serait retardée.

Le dimanche 21 mai, le catéchisme de persévérance achevait le cours de son année, et, après l'office, eut lieu le mois de Marie comme de coutume... c'était la dernière réunion; nous allions commencer la sanglante semaine.

Ce dimanche soir, on nous apporta un article du *Vengeur* contre la confession, rédigé de telle façon que la conclusion était le massacre de tous les prêtres. — Après la lecture de ces lignes inspirées par l'enfer, il eût été sage de fuir. Nous ne l'avons pas fait. — Le devoir nous a retenus. — Dieu nous a gardés.

LUNDI, 22 MAI

Dès le matin du lundi la nouvelle circule dans tout Paris : L'armée est au champ de Mars. — On sait le détail de cette entrée providentielle. — Vers 8 heures, des obus arrivent jusqu'à l'hôtel des Postes, et l'on crut prudent de fermer l'église.

Ce fut au soir de ce jour que les otages furent transportés de Mazas à la Roquette. — Nous l'apprîmes bientôt par un gardien dévoué et fidèle de Mazas, témoin de la dureté des actes et des paroles qui accompagnèrent à ce moment notre bien-aimé prélat.

MARDI, 23 MAI

Quels souvenirs en ce jour, ô mon Dieu ! en raconter les détails, c'est bien redire les infinies délicatesses de votre miséricorde.

Tu percussisti omnes adversantes mihi sine causâ, dentes peccatorum contrivisti, Domini est salus ! (Ps. 3.)

Nos messes étaient dites, — c'était là notre force véritable et notre seule consolation. — Les barricades remplissent et ferment les rues, les canons et la fusillade se font entendre à courte distance. — Des affiches d'un désespoir impie couvrent les murs et font appel aux armes. — Les chefs de l'insurrection passent et repassent à cheval, inquiets, défiants, se demandant réciproquement leur laisser-passer.

L'armée de Versailles signalait son entrée à Paris par des succès qui, en semant l'effroi et le découragement parmi les membres de l'Hôtel de Ville, ne faisaient qu'exciter davantage leur haine contre les otages et les prêtres restés fidèles à la tête des paroisses.

Vers 11 heures et demie du matin, un jeune homme, suivi de deux gardes armés, se présente à

M. le curé : « Vite le tocsin, la ville est en deuil, le
« danger est imminent, sonnez le tocsin ». Il a en
main un ordre signé des délégués du premier arrondis-
ment. — « Donnez au moins le temps de prévenir le
« sonneur et de chercher la clef du clocher. » Et M. le
curé prend la peine d'annoncer lui-même aux personnes
du presbytère le tocsin que l'on va sonner. — De son
côté le sonneur averti se hâte d'obéir à l'ordre de la
Commune.

Mais par une malheureuse méprise nous entendons
les deux cloches sonner la grande volée des fêtes au
lieu du tocsin. On s'émeut. M. le curé, le premier,
envoie prévenir le sonneur qu'il se trompe. — Mais
plus rapides, la foule et les soldats du poste crient à la
trahison !... On sonne l'entrée des troupes et leur
triomphe !... Et ces cloches silencieuses depuis Pâques
ont, dès leurs premiers sons, jeté dans tout le quartier
ce double sens, de trahison pour les méchants et de
victoire pour les bons... *Au presbytère !...* s'écrie la
foule ameutée ; en un instant elle franchit le seuil et
l'escalier qui conduisent à la demeure de M. le curé.

Devant cet envahissement subit, M. le curé se présente avec fermeté : « Je suis chez moi, et il ne vous
est pas permis de violer mon domicile ; le sonneur
s'est trompé, vous ne laissez pas le temps de l'avertir ; je veux m'expliquer devant vos chefs : j'irai
au poste ! — Au poste ! s'écrie-t-on. » — Le suisse
serviteur énergique et fidèle, ancien militaire, décoré
de la médaille, veut protéger son curé : il est indigne-
ment battu ; son oreille est mise en sang ; il ne doit

la vie qu'à la protection d'honorables et courageux paroissiens venus pour protéger l'innocence et le droit. Honneur à vous, MM. Rondel et Vincent, votre intervention à cette heure pouvait vous être fatale, vous n'avez écouté que votre cœur et votre dévouement pour la justice, soyez-en mille fois remerciés et bénis !

M. le curé sort du presbytère, tête nue, au milieu de cette foule irritée et de quelques amis dont les larmes lui disent l'affection. — Il est conduit au poste. Là l'explication fut facile. — Les chefs, encore bienveillants et respectueux, comprirent le malentendu, et une demi-heure après, M. le curé était ramené chez lui en triomphe par la rue du Jour, aux acclamations de ses paroissiens, qui de toutes les fenêtres battaient des mains et criaient : *Vive M. le curé !*

Cependant, au moment de l'arrestation, l'ordre fut donné de cerner le presbytère, de saisir ceux qui avaient sonné et fait des signaux du haut de la tour. Un garde fut placé à chaque étage et interceptait les corridors. Déjà, dans la sacristie, le sacristain brusquement interpellé en appelle à M. le curé. — « Il n'est « pas chez lui, votre curé, il est au poste... Ah ! vous « croyez déjà être vainqueurs ; non, non, vous n'êtes « pas encore les maîtres... ! » Et des paroles on passe au fait. Le sacristain est pris avec le sonneur, et tous les deux sont conduits au poste pendant un instant, puis ramenés pour aider à de nouvelles recherches.

Déjà on commençait de minutieuses perquisitions dans les chambres, lorsqu'un vicaire se présente au lieutenant qui commande : « Qui cherchez-vous, messieurs ? — Nous cherchons des traîtres, il faut qu'on nous les livre. — Des traîtres ne sont pas ici ; vous cherchez le clocher, suivez-moi, je vais vous y conduire ; si quelqu'un y est monté, nous le saisirons, soyez-en sûrs. »

Nous montons. Le sacristain et le sonneur revenaient de leur côté à la tête d'une autre bande, ils nous suivent.

Nous avions pour escorte un lieutenant de fédérés, revêtu d'un large ruban bleu en sautoir ; un jeune marin, très-ardent, revolvers à la ceinture ; trois gardes et deux bourgeois à figures des plus sinistres.

La perquisition se fait minutieusement. Sur la plate-forme de la tour s'offre une scène des plus saisissantes. — Le drapeau rouge flotte encore sur les monuments du centre ; à quelques centaines de mètres, la fusillade, et le tocsin dans toutes les églises. — Là ces hommes, si avides de trouver des espions et des traîtres, restent confondus par de simples questions. — Ils demandent eux-mêmes à redescendre. — Quand on pense qu'ils étaient nos maîtres et que les ordres sanguinaires circulaient partout ! A cette heure même le clergé de Saint-Germain était jeté dans les caves du premier arrondissement, sans autre perspective que la mort. — Et nous étions encore tous là !

On redescend : ils prennent l'escalier qui conduit au dépôt des cercueils. — La visite en avait été faite, il est vrai, dans un temps moins troublé ; mais à cette heure, ne sera-ce pas un nouveau grief et un puissant motif de rage contre nous ? — Ils vont ; mais la porte est close en dehors, et le temps d'aller à l'extérieur paraît trop long. — Ils redescendent par la sacristie. — Là l'entente se fait en présence des jeunes bandits qui avouent avoir sonné les cloches, et l'on se sépare dans des termes que la première entrevue ne pouvait laisser prévoir.

Les événements se multiplient et se mêlent.

Pendant cette visite domiciliaire du presbytère, des vicaires et des tours, M. le curé en recevait une autre d'une importance extrême.

Revenu chez lui après l'émotion de tout à l'heure, il récitait son bréviaire.

Le domestique annonce : Un membre du comité central ! C'est un jeune homme, grand, blond, au regard intelligent et pénétrant. — Il porte la ceinture rouge à franges d'argent ; deux revolvers y sont fixés. — Il est accompagné du personnage chargé de transmettre l'ordre de sonner le tocsin : « Monsieur le curé, je viens informer sur le fait qui vient de se passer, et vous demander compte de l'émeute que vous venez de causer dans votre quartier. — Cela est facile, répond M. le curé, qui raconte avec la simplicité de la vérité ce qui venait d'avoir lieu ; le sonneur, ne connaissant pas le tocsin, avait sonné suivant son habitude. Toute la méprise était là. » — Le personnage délégué de la mairie veut absolument voir là une trahison. — Le citoyen du comité central, plus juste, comprend la possibilité d'une méprise, car jamais on ne sonne le tocsin à Paris. — Il congédie le trop zélé délégué, le sonneur, et reste seul avec M. le curé.

« Vous paraissez fatigué, lui dit M. le curé, je n'ose vraiment offrir quelque chose à un membre du comité central ; cependant si cela est nécessaire... — J'accepte volontiers, monsieur le curé, je suis exténué de fatigue. » — Le modeste déjeuner était encore là les émotions l'avaient remplacé.

Le citoyen X, introduit dans la salle à manger, accepte, après avoir vu toutefois M. le curé goûter le premier aux mets et à la boisson.

Un détail est nécessaire pour compléter cette scène dont la suite fera connaître toute l'importance. — A la vue de l'arrestation de M. le curé, les dames de la halle s'étaient émues encore une fois et avaient accompagné leur curé rendu à la liberté. Une d'elles, connue sous le nom de mère Trente-Deux, délicate entre toutes, alla prévenir le neveu de M. le curé, M. M... Celui-ci, malade et infirme, avait pu se faire conduire à Saint-Eustache. Il était là à ce repas singulier du mardi 23 mai.

La conversation s'engagea, d'abord réservée et sérieuse. — Les regards étincelants du citoyen X ne quittaient pas M. le curé ; ils plongeaient, ce semble, jusqu'au fond de ce cœur qu'il étudiait. Le bon Dieu permit qu'il le devinât et le comprît. Peu à peu on se mit à l'aise. — Le café fut accepté, le citoyen demanda la permission de fumer un cigare : il le fit.

Il serait trop long de donner la conversation entière ; nous devons du moins consigner quelques détails : illusions et aveux qui expliquent certains entraînements ou des aveuglements bien coupables. C'est le membre du comité central qui parle : « L'armée est entrée, c'est vrai ; qu'elle avance encore, et bientôt elle sera enveloppée et anéantie...

« .... De l'argent, des munitions, nous n'en avons jamais manqué, et les Prussiens que vous croyez vos défenseurs sont plutôt nos amis. — Ce sont eux qui favorisent les allées et venues de nos chefs en Suisse, en Italie, en Angleterre, — qui ont contribué à l'achat des cinquante mille revolvers. — Quant à nous, nous ne le taisons pas, nous aimerions mieux voir régner ici un Frédéric-Charles, que de voir le triomphe de l'armée de Versailles. »

Quels aveux !

« .... Après tout ce qui vient d'arriver, dit M. le curé, suis-je bien en sûreté ici ? Veuillez me donner un mot de votre main qui puisse me sauvegarder en cas de nouvelle alerte. — Volontiers, dit le citoyen X avec un accent de tristesse qui trahissait le doute en sa puissance. — Mais à cette heure un caporal et quatre hommes peuvent venir vous prendre et, si vous ne leur plaisez pas, vous fusiller au coin d'une rue. — Cependant voici ma signature, recommandez-vous de moi X.

Formule du billet : « République française.

« Ville de Paris.

« Mairie du..... arrondissement,

« Citoyen.....

« 3 prairial an LXXIX.

« Adresse, à l'Hôtel de Ville. »

« Il est 4 heures, — il faut vous quitter, monsieur le curé. J'ai réunion à la Commune à 6 heures, je dois m'y rendre. — Citoyen, dit M. M..., je demeure près de l'Hôtel de Ville, les rues sont interceptées, le passage difficile ; voulez-vous me permettre de vous accompagner et de rentrer chez moi ? — Venez.

Ils partent. — Sur leur chemin on présente les armes, et les sentinelles laissent passer un de leurs chefs. On rencontre Urbain, Gaillard, Du Buisson, etc. — On s'arrête dans un café, où quelques chopes de bière éveillent les idées et préparent au grand conseil. — Urbain emploie ses loisirs à arrêter des citoyens inoffensifs qui ont l'audace de se rafraîchir dans le même café que lui, et, après de nouvelles libations, on se sépare.

M. M..., désireux de rentrer à son domicile et de connaître encore davantage ce chef de légion, parvient à l'entraîner jusque chez lui.

Là, le visage officiel du communeux disparaît, c'est l'homme avec son cœur et ses sentiments. — Oppressé sans doute sous le poids des tristes fonctions qu'il remplit, fatigué de courses sans nombre, de préoccupations aggravées par une lutte suprême, et surtout par le combat de trois heures livré entre sa conscience d'honnête homme et ses engagement communeux, il ouvre son âme et cherche un cœur ami.

Il a examiné cet intérieur, il voit avec intérêt les portraits de madame M... et de ses enfants : « Tu es heureux d'avoir une famille. Je suis seul, moi. C'est triste ! Donne-moi un peu de bon vin. » On lui apporte une demi-bouteille. « Ah! tu es un homme rangé, tu ne prodigues pas! » Il parle simplement. Il est à son aise.

M. M... en profite : « Écoute-moi, lui dit-il en l'interpellant vivement. Changeons de rôle à cette heure : supposons que je sois du comité central et toi neveu du curé de Saint-Eustache; ton oncle est-il en sûreté dans son presbytère? — Tu l'aimes donc bien, ton oncle? reprend le citoyen X avec l'accent d'une profonde émotion! — Tu as vu s'il le mérite. — C'est vrai. — Eh bien », et à ces mots le citoyen X prend convulsivement de la main droite la tête de M. M... qu'il amène vers lui et, de la gauche, tire de sa poche un papier qu'il lui montre, « regarde, et lis : « Mandat d'amener du citoyen Simon, curé de Saint- « Eustache.

« Signé : Delescluze.

« 23 mai 1871. »

« Oui, lis, répète le citoyen X., et dis-lui qu'il s'en aille! qu'il s'en aille ! »

Il était resté pendant trois heures chez M. le curé sans oser exécuter cet ordre !

Le calme et la sérénité de l'innocence, l'avaient subjugué; oui, il a avoué qu'un je ne sais quoi l'avait saisi, et qu'il lui avait été impossible d'exécuter son mandat.

Pour lui, revenu à l'Hôtel de Ville sans son prisonnier, il fut sur-le-champ condamné à mort comme traître ; il ne dut la vie qu'à l'intervention énergique d'un ami membre de la Commune !

Il était à peu près 5 heures et demie.

M. M... envoya sur-le-champ au presbytère une personne dévouée.

Déjà deux amis de M. le curé étaient venus le presser de quitter sa demeure. — Les scènes de ce jour ne présageaient rien de bon, et la nuit pouvait être fatale.

M. le curé hésitait encore, — le message de M. M... le décida. — A 6 heures un quart il quittait son presbytère, accompagné d'un excellent ami, qui lui offrait son domicile et son dévouement. C'était à quelques pas de l'église.

La journée n'était pas finie ! — Vers 7 heures du soir, on vient présenter à l'église le corps d'une personne décédée depuis deux jours. La bataille ne permettait pas le transport au cimetière, et l'hygiène obligeait à l'éloigner de la maison. — M. le premier vicaire, demeuré au presbytère, répondit à la demande faite, et, toutes les formalités remplies, fit placer le corps dans une chapelle de l'église. — Détail curieux ! le chef de poste, appelé pour régulariser ce dépôt, demande M. le curé. — Il est absent. — Il insiste : Dites-lui que c'est moi. — On répond qu'il a quitté le presbytère. — Ce n'est pas possible, je tiens à le voir, et ce visiteur empressé pénètre jusqu'au cabinet de travail, regarde sous le lit de la chambre de M. le curé, ouvre les différents placards, croyant y saisir le maître de la maison. — Il se retire enfin affirmant qu'il ne lui veut aucun mal. — Il faut avouer que l'intérêt qu'il lui portait lui a inspiré des recherches un peu exagérées.

La nuit du mardi au mercredi fut terrible. — Les obus pleuvaient dans le quartier, et force fut à tous de descendre dans les caves. — Ce fut ce soir-là même que l'Hôtel de Ville fut incendié. — Nous avons su depuis que M. le curé devait y être conduit, et le feu aurait dissimulé sa mort.

Le fameux tocsin de midi était le signal de l'arrestation des prêtres, et cette nuit était fixée pour le massacre.

Super populum tuum malignaverunt consilium et cogitaverunt adversus sanctos tuos, dixerunt : Venite et disperdamus eos de gente et non memoretur nomen Israël ultra.

MERCREDI, 24 MAI

Avec le mercredi 24 mai commence la lutte terrible de la Pointe Saint-Eustache. — Les premiers coups de la fusillade se firent entendre vers 7 heures du matin. — Elle dura sans interruption, mêlée aux obus et au canon, jusqu'à 10 heures du soir.

Journée solennelle et d'angoisses terribles pour notre quartier.— Les troupes, conduites avec prudence et sagacité, s'emparèrent de l'église par la grande porte de la rue du Jour. — Elles prirent position à la chapelle des catéchismes et sur les galeries, et soutinrent avec un courage merveilleux cette résistance inattendue.

Hélas ! la mort frappa trois de nos soldats, et quatorze blessés furent recueillis au presbytère. L'ambulance, qui pendant les six mois du siége avait reçu de nombreux malades, fut rapidement reconstituée ; MM. Suquet et Bourbonne, restés au presbytère, organisèrent à merveille les soins premiers. On reçut aussi quatre blessés fédérés, qui se rappelleront, j'espère, qu'ils doivent la vie à l'énergique intervention de ces messieurs. — C'est comme cela que nous répondions à une lettre du délégué du deuxième arrondissement qui peut trouver ici sa place :

« 2e arrondissement, mairie de la Bourse,

« rue de la Banque.

« Paris, le 9 mai 1871.

« Au citoyen chef de la 2e légion.

« *Service médical.*

« Citoyen,

« Veuillez prendre connaissance de la lettre ci-jointe,
« de laquelle il résulte que la *boutique* de l'église
« Saint-Eustache mettrait à notre disposition une am-
« bulance complète de six lits, et nous faire connaître
« votre avis sur cette offre après enquête et visite de
« ladite ambulance.

« Salut et fraternité.

« Le membre de la Commune,

« délégué au 2e arrondissement,

« EUGÈNE POTTIER. »

Cependant les obus pleuvaient avec fureur; le drapeau tricolore, hissé au sommet de l'église, était évidemment le point de mire des batteries du Père-Lachaise et de Charonne, et tout faisait craindre pour
notre église un épouvantable désastre.

En effet, le feu, communiqué par un obus à pétrole,
prit dans le campanile qui domine la chapelle de la

Sainte Vierge. — C'était au milieu de la nuit. — Aperçu du côté des halles, d'honnêtes paroissiens voulurent avertir et courir au secours, ils durent se taire et s'arrêter devant les fusils braqués des fédérés heureux de voir ce commencement de destruction.

Le jeudi matin seulement, la fumée plus épaisse parut du côté de la rue Montmartre. — Il était déjà trop tard pour conjurer complétement le malheur. — La chaîne s'organise. — Les pompiers arrivent et dirigent les efforts. — Pendant dix heures l'eau coule sur ce brasier ardent; le clocher tout en feu tombe au milieu de la rue, et à 4 heures du soir seulement, le capitaine des pompiers put répondre que le foyer de l'incendie était éteint.

M. le curé, averti dès le jeudi matin de ce qui se passe, arrive en toute hâte au presbytère. — Il encourage de sa présence les travailleurs, distribue à tous les vivres et le vin nécessaires, visite l'ambulance et en assure le service régulier. — Partout il est reçu avec joie et acclamé avec affection.

Vers 2 heures, une alerte terrible vint augmenter les alarmes. — Les obus n'avaient pu arrêter le courage des personnes qui faisaient la chaîne, et les femmes, il faut l'avouer à leur honneur, montrèrent pour sauver leur chère église un courage et une persévérance au-dessus de tout éloge. — Vers 2 heures, la fumée sort des combles supérieurs; un obus a mis le feu! c'est un cri général : Tout est perdu! Mais non. — Les pompiers ont franchi les distances, et bientôt leurs efforts sont couronnés de succès :

ont sauvé Saint-Eustache. — Nous voudrions pouvoir nommer ici ces hommes aussi modestes que courageux et intelligents. — Ils ont bien mérité de Paris !

Nous étions sauvés de la Commune et de ses menaces sanglantes ; mais comment dépeindre l'état de notre église en ces jours ? — A l'intérieur c'est le bivouac d'une compagnie qui a pris part à la lutte ; les vitraux brisés, les pierres en morceaux, l'eau qui ruisselle encore des voûtes, la chapelle des catéchismes effondrée, tout atteste la bataille acharnée dont elle a été le théâtre.

Et puis, nous pensions à nos chers otages. — Les bruits les plus contradictoires circulaient : suivant les uns, c'était la délivrance ; d'autres, hélas ! plus vrais, présageaient le deuil.

La visite de notre gardien fidèle de Mazas vint dissiper toutes nos espérances ; les larmes de ce vieux soldat nous dirent, encore plus que ses récits, la certitude de nos malheurs ; il nous semble entendre encore l'accent de ce cri avec lequel il nous aborda :

« *Ils l'ont fusillé !* »

Le jeudi soir nous devions assister à l'incendie du grenier d'abondance !

Ces jours ont été pleins de larmes, c'est vrai ! Mais, aussi, riches des plus affectueux dévouements ; c'est le triomphe de notre Divin Maître de faire jaillir des ruines elles-mêmes la véritable vie ; nous voudrions pouvoir nommer tant et de si nobles amis de toutes classes. — Heureuse égalité et rivalité sainte entre riches et pauvres, c'est vous que nous aimons et que nous souhaitons du plus profond de nos âmes !

Un de nos choristes, M. Vallée, sait qu'il y a une mission difficile à remplir : il faut traverser deux fois le champ de bataille ; il n'hésite pas.

Un de nos paroissiens a appris qu'une torpille est fixée près de la barricade qui ferme notre rue ; il brave tout pour en prévenir l'autorité... le fil est coupé, e vingt-cinq tonneaux de poudre sont noyés dans une cave des premières maisons de la rue Montmartre.

Nous vous avons reconnu à la chaîne de l'incendie et aux manœuvres de la pompe, ami noble et dévoué, qui dirigez si sagement une des grandes administrations de Paris ! Et vous, bonnes et affectueuses familles devenues les nôtres aux moments des dangers, vous tous enfin, discrets, délicats et courageux paroissiens, merci ! merci ! merci ! Des amis dans le malheur et des amis animés par la foi, c'est un grand bienfait de Dieu !

VENDREDI, 26 MAI

Le vendredi 26 mai, nous avions la consolation de célébrer la sainte messe à la tribune. — Nous n'avions été privés que deux jours de cette véritable force.

Les obus continuaient à pleuvoir sur l'église ; un instant on songea à descendre dans le calorifère tous nos malades transportables. — Les préparatifs étaient faits. — Le bon Dieu permit que cette précaution fût inutile.

SAMEDI, 27 MAI

La lutte continuait dans Paris et jusqu'au samedi, les obus arrivaient jusqu'à nous. — Le samedi matin un jeune marchand fut atteint rue Turbigo et transporté à l'ambulance du presbytère ; il compléta le nombre de dix-neuf qui reçurent pendant dix jours les soins qu'inspire une vraie affection.

Du reste, il est doux de le dire, nos jeunes soldats, disciplinés et respectueux, répondirent à tous ces soins par la reconnaissance et nous ont laissé le meilleur souvenir.

28 MAI, PENTECOTE

Le jour de la Pentecôte l'église dut rester fermée. Les coups qu'elle avait reçus ne permettaient pas d'y rentrer sans une visite minutieuse de l'architecte.

Mais déjà la sainte Église avait entonné le cantique du triomphe. — L'armée de France achevait cette incomparable et si difficile campagne.

Exurgat Deus, et dissipentur inimici ejus, et fugiant qui oderunt eum a facie ejus. (Introït du jour.)

Quelques jours après nous reprenions les saintes habitudes de la foi ; nos chers enfants faisaient leur première communion dans des dispositions méritées par une énergie qui avait résisté à toutes les privations du siége et à toutes les terreurs de la Commune. Le concours de parents et d'hommes en particulier fut remarquable. — Il semblait que l'on était doublement heureux de se retrouver dans la maison de Dieu qui est bien la maison de la famille.

Nous avons entendu, pendant que M. le curé donnait

aux enfants les conseils de l'expérience et de la foi, un assistant dire à son voisin : « Voilà cependant le bon « curé que l'on voulait nous prendre ! » C'était l'écho des sentiments de tous les cœurs.

Oui, les épreuves ont été nombreuses : la double arrestation de M. le curé, le club, l'incendie, mille angoisses de chaque jour; mais que de miséricordes et que de merveilleuses bontés ! notre curé sauvé quatre fois, l'incendie arrêté avant le désastre complet, l'église préservée du pillage, toutes les œuvres achevées ou continuées !

Quid retribuam Domino ! — Oui, mon Dieu, nous le reconnaissons, c'est vous qui avez inspiré les cœurs de nos amis, de nos paroissiens et paroissiennes, qui avez soutenu le courage de M. M..., qui avez donné à notre curé l'énergie et la prudence. — A vous, Gloire, Honneur et Bénédiction.

Factus es susceptor meus et refugium meum in die tribulationis meæ. (Ps. 58.)

Clichy. — Impr. PAUL DUPONT et Cᵉ, rue du Bac-d'Asnières, 12.

www.ingramcontent.com/pod-product-compliance
Lightning Source LLC
Chambersburg PA
CBHW071403030726
47594CB00002B/823